Anselm **Grün**

Ose le RENOUVEAU et Vis-le en **Confiance**

Traduit de l'allemand par Raymond Rakower
et révisé par Muriel Frantz-Widmaier

LES CLES DE LA
spiritualité

jouvence
EDITIONS

Du même auteur aux éditions Jouvence

Être en harmonie. Oublier ses soucis. Simplement vivre, 2013

Un cœur en paix, 2010

Dans la même collection aux éditions Jouvence

L'alphabet du bonheur, Jean-Yves Revault, 2015

Les 4 cercles Maasaï du bonheur, Xavier Péron, 2015

Catalogue gratuit sur simple demande

ÉDITIONS JOUVENCE

France: BP 90107 - 74161 Saint-Julien-en-Genevois Cedex

Suisse: CP 89 - 1226 Thônex (Genève)

Mail: info@editions-jouvence.com

Site internet: **www.editions-jouvence.com**

Titre original: *Wage den Neuanfang*

ISBN : 978-2-88911-648-5

Traduit de l'allemand par Raymond Rakower

et révisé par Muriel Frantz-Widmaier

Maquette et mise en pages intérieure: Morgane Postaire

Couverture: Stéphanie Roze et Éditions Jouvence

Images - Fotolia.com: © alexilly p.6-10, p.18-22, p.24-29, p.42-45, p.52-56, p.58-61, p.68-72, p.110-112, p.115, © jpgon p.12-17, © JiSign p.30-34, © orelphoto p.36-41, © SkyAce p.46-50, © Olivier Le Moal p.62-66, © Aslan Topcu p.74-78, © Gizele p.80-83, © naddya p.84-87, p.100-104, © yganko p.88-92, p.100-104, © sjhuls p.106-109.

Table des matières

Introduction : Commençons sans cesse « à nouveau »

La vie nous impose encore et toujours d'oser un nouveau commencement. Notre propre histoire est remplie de nouveaux commencements. Après l'école, nous devons choisir entre les études et l'apprentissage. Une fois le diplôme en poche, le nouveau commencement porte sur le métier. Mais là encore, nous n'avons plus l'assurance de rester dans la même entreprise toute notre vie ou d'y accomplir la même mission. Nous sommes sans cesse déplacés, sans cesse chargés d'un nouveau projet. À moins que nous ne cherchions nous-mêmes un nouvel employeur.

Nombreux sont ceux qui se fatiguent de devoir constamment recommencer, ils préfèreraient rester dans l'ancienne situation. C'est alors qu'il faut de la hardiesse : le courage de mettre sa vie et soi-même en balance, sans savoir à l'avance de quel côté cette balance penchera. Car chaque nouveau commencement comporte une part de risque. Peut-être ne rencontrera-t-il pas le succès espéré. Pourtant, sans ce courage de risquer quelque chose de nouveau, notre vie deviendrait ennuyeuse, une routine dénuée de sens.

Nous vivons sans cesse des échecs : au travail, en amitié, parfois aussi en mariage. Ces moments nécessitent une nouvelle fois l'audace d'oser un nouveau commencement. Car l'échec ébranle les convictions.

Me contenter de contempler le désastre de mes relations brisées ne me laisse pas entrevoir le moindre épanouissement. Je ne cesserais de me lamenter, de sombrer dans la tristesse, de m'apitoyer sur mon sort devant la destruction de tout ce qui était sacré à mes yeux. C'est précisément dans de telles situations d'échec qu'un nouveau départ est nécessaire.

J'accompagne depuis vingt et un ans des prêtres, des religieux, des hommes et des femmes qui œuvrent dans l'Église. Souvent, ayant quitté leur ancienne paroisse, ils se retrouvent dans notre Recollectio-Haus[1], où ils sont réorientés vers une nouvelle paroisse ou se voient confier une nouvelle tâche. Ou bien une religieuse vient parce qu'elle a été libérée de son ancienne affectation pour une nouvelle. Certaines de ces personnes se réjouissent de ce nouveau départ. D'autres en revanche éprouvent, je le sens, une certaine lassitude à l'idée de sans cesse recommencer. Ils ont l'impression de ne pas parvenir à passer simplement d'une paroisse à une autre, d'une communauté religieuse à une nouvelle. Une phase intermédiaire leur aurait permis de prendre congé dans les formes de leur ancien environnement, afin de pouvoir se consacrer de toute leur énergie à leur nouveau départ.

D'autres personnes se sont lassées de tous les nouveaux commencements attendus d'elles. Et un nouveau départ pris par un être fatigué d'avance n'a aucune chance de fonctionner. J'ai besoin d'une motivation intérieure pour prendre un nouveau départ. Je ne peux trouver cette motivation qu'après m'être réconcilié avec ma précédente situation. Si j'entreprends un nouveau départ sans m'être débarrassé du poids des anciens conflits, je n'ai pas la moindre chance de réussir.

Ce qui vaut pour les employés de l'Église vaut tout autant pour les salariés d'une entreprise, lesquels doivent sans cesse repartir de zéro. Et parfois leur ancienne situation leur colle encore tellement à la peau qu'ils sont dépourvus de force au moment de recommencer. Mais le nouveau requiert toujours une certaine audace. Sinon, on n'y arrive pas.

Je souhaiterais dans ce livre réfléchir au mystère du commencement. J'aimerais m'appuyer sur les expériences que les différentes langues ont faites du commencement et du début. Car une langue est un concentré d'expérience. Examiner les mots grecs, latins et allemands désignant l'acte de commencer nous permet d'emblée de deviner comment ce sujet a depuis la nuit des temps mû les hommes et quelles expériences variées chaque peuple en a fait. Une langue est la matérialisation de l'expérience.

Telle est l'expérience que je désirerais aujourd'hui rendre accessible à chacun en traduisant les images linguistiques et en les transposant à notre époque. En outre, je souhaiterais examiner des textes bibliques qui parlent de nouveaux commencements. Mais ces textes également devront être mis en regard de notre situation actuelle, qui est certainement bien plus houleuse et agitée que l'époque au cours de laquelle la Bible formula sa sagesse. Cette sagesse continue cependant de pouvoir nous apporter aujourd'hui des enseignements.

1. Commencer

Le terme allemand *commencer* vient d'« empoigner », de « saisir », de « prendre en mains ». *Commencer à nouveau* signifie par conséquent « prendre soi-même sa vie en mains ». Je prends la responsabilité de ma vie. Je l'organise. Je cesse de me lamenter, prétextant avoir été déterminé par mon éducation ou mon tempérament. Je peux toujours recommencer. Je peux prendre en mains et organiser le matériau vital qui m'a été donné.

Tout matériau peut donner lieu à une belle pièce : en pierre je peux tailler une belle statue, en bois sculpter une belle œuvre, en argile modeler une forme attirante. Mais la matière doit être œuvrée de manière appropriée. Le matériau est l'histoire de ma vie, avec mes points forts et mes faiblesses, mes sentiments de sécurité et de confiance en moi, mes blessures et mes offenses.

Parfois, ce matériau est un amas de débris, restes de mes rêves brisés. Mais un nouveau vase peut être réalisé en collant des débris. Il ne sera plus aussi parfait que l'ancien, mais il pourrait avoir gagné en créativité, être devenu plus coloré et plus vivant.

Jésus a formulé cette idée dans la parabole de la construction de la tour :

« Qui de vous en effet, s'il veut bâtir une tour, ne commence par s'asseoir pour calculer la dépense et voir s'il a de quoi aller jusqu'au bout ? De peur que, s'il pose les fondations et ne peut achever, tous ceux qui le verront ne se mettent à se moquer de lui, en disant : Voilà un homme qui a commencé de bâtir et il n'a pas pu achever ! » *(Évangile selon saint Luc 14, 28-30)*[2]

Les pierres avec lesquelles nous devrions bâtir notre tour sont les expériences de l'histoire de notre vie. La tour symbolise le devenir-soi de l'homme. Elle a des fondations profondes dans la terre et s'élève dans le ciel. Elle relie en nous le ciel et la terre. Et elle est ronde. Cette courbure arrondit tout ce qui est anguleux et carré. Elle maintient la cohésion de ce qui, en nous, est friable ou brisé. Le psychanalyste suisse Carl Gustav Jung a passé toute sa vie à construire la Tour de Bolligen, symbole de son développement intérieur.

Quand nous commençons à construire la tour, il importe d'examiner nos pierres avec le plus grand soin. De quelles pierres je dispose ? Quelles sont mes forces, quelles sont mes faiblesses ? Quels pierres sont fêlées ou brisées ? Ces dernières composent également le matériel de ma tour. Les pierres symbolisent aussi les obstacles rencontrés dans mon travail ou ma relation brisée. Ma tâche serait d'utiliser les pierres, sur lesquelles j'ai trébuché, pour édifier ma tour.

Mais avant d'entreprendre la construction de ma tour, je dois m'asseoir. On pourrait nommer *temps mort* ce moment de réflexion que je m'accorde entre mon ancienne tâche et la nouvelle. J'ai besoin de temps pour examiner le matériau de ma vie et pour méditer sur les pierres d'achoppement ou les pierres brisées des derniers temps. Je pourrai les transformer en mes propres pierres de construction avec lesquelles je rebâtirai ma vie.

La Septante reprend l'image de la pierre pour établir ce que nous devons faire de ce temps de réflexion : nous devons faire glisser les pierres çà et là sur notre règle afin de calculer l'investissement nécessaire à l'édification de la tour. Combien de matériel nécessite la construction de cette tour, et combien de force et d'énergie ?

L'extrait cité de l'Évangile selon saint Luc est là pour nous rassurer quant au succès de notre entreprise. Luc raisonne en bon commerçant et calcule avec précision les coûts que sa tâche implique. C'est seulement après avoir réfléchi au passé et médité sur ce que l'avenir me réserve que je prendrai en mains les pierres de l'histoire de ma vie pour les assembler de sorte à édifier ma tour personnelle, unique en son genre. Avant de commencer, je dois me demander comment ces pierres pourront s'accorder.

La pensée précède l'action. Je réfléchis aux pierres de l'histoire de ma vie, à la manière de les assembler afin de rendre ma personne unique visible. Ma tour ne doit pas ressembler aux autres. Je ne compare pas ma tour aux autres. Peu importe qu'elle soit ou non la plus haute, elle doit correspondre à mon essence.

Plus d'un reste assis devant son tas de pierres. Il n'a pas le courage de commencer. Le tas de pierres entassées lui semble chaotique. Quand ma relation est brisée, quand la fonction que je remplissais jusque-là s'est mal terminée, je reste assis devant un tas de pierres dont je ne peux mesurer l'ampleur. Ces pierres ne me révèlent alors encore aucune tour susceptible de se former. Je ne vois pas la fin. Jésus voit ici d'un même coup d'œil le début et la fin. Il emploie le mot grec *ektelesai*, qui signifie « faire d'un commencement une fin », « achever quelque chose ». Beaucoup d'hommes craignent de commencer quelque chose. Ils ne savent pas ce qui en sortira. Ils ne veulent pas se lancer à l'aveugle. Ils veulent créer quelque chose de stable. C'est pourquoi je dois commencer par m'asseoir, réfléchir et calculer, pour définir ce que je veux au juste.

Les Romains nous incitent, à chaque commencement, à imaginer la fin : « *Respice finem !* » disent-ils. Jésus adopte cette approche dans sa parabole. Avant de commencer, nous devons nous asseoir dans le calme et dresser le bilan de ce dont nous disposons.

Nous découvrirons alors les moyens que nous avons en nous. Il s'agit de l'expérience d'avoir déjà, à plusieurs reprises par le passé, commencé à nouveau. Ou bien notre discipline nous offre-t-elle la force d'aller jusqu'au bout. Ou encore notre créativité nous permet-elle à chaque commencement de modeler quelque chose de nouveau. Jésus parle ici de la force *ischyo*, indispensable pour prendre un nouveau départ. J'entre en contact avec cette force quand je m'assieds et prends le temps de préparer mon projet et de regarder le but que je vois dans le commencement. Trois mots sont répétés à deux reprises dans cette parabole : commencer (*archeisthai*), terminer (*ektelesai*) et avoir la force (*ischyo*). Ces trois mots décrivent ce qui est particulièrement important dans le commencement. Je dois m'y atteler, sans quoi les spectateurs se mettront à se gausser de moi. Les hommes critiquent qui reste inactif. Je dois réfléchir à la fin. Sinon je travaille à l'aveugle, et rien de valable n'en sort.

Cette réflexion prend du temps. Le fait de s'asseoir confère du sens au lever. Et il faut la force nécessaire pour entreprendre un commencement qui atteigne son objectif.

2. Débuter

Le mot *débuter* signifiait à l'origine « défricher ». Chaque début constitue un défrichage pénible. Ma vie apparaît tel un paysage rempli de chardons et de cailloux, débordant de broussailles et de mauvaises herbes, chaotique et hostile.

Si je veux défricher un champ, je dois tout d'abord le délimiter. Il ne m'est pas possible de défricher la totalité du terrain que constitue ma vie en un an. Je dois définir quelle partie de mon terrain je souhaiterais défricher cette année. Peut-être s'agit-il du domaine relationnel, du pan professionnel ou encore de mon style de vie. Je me mets ensuite à en arracher les broussailles et les mauvaises herbes afin que mon sol puisse porter des fruits, pour que du nouveau puisse en sortir. Dieu ensemencera mon champ. Ma tâche consiste à le défricher pour que cette semence pousse et que du nouveau, de l'insoupçonné, de l'inattendu, du merveilleux fleurisse en moi.

Voici la belle histoire que de vieux moines racontent. Un jeune moine, qui s'est efforcé en vain d'éliminer ses erreurs, arriva, découragé, chez un Père du désert.

Il trouve inutile de lutter contre ses erreurs, qu'il commet encore et encore. Le Père lui raconte alors l'histoire d'un jeune homme auquel son père avait confié la tâche de débroussailler un champ laissé à l'abandon, d'en éliminer les chardons et les épines. Ce jeune homme s'y rend. Dépourvu de courage, il ne se ressent pas la force de s'y atteler. Car le champ est très grand et jonché de mauvaises herbes. Le jeune homme ne sait par quel bout commencer. Il se pense incapable de débarrasser le champ de ses chardons et épines. Le Père lui dit alors :

*« Mon fils, n'accomplis chaque jour que la surface qu'occupe ton corps quand tu es en position couchée. C'est ainsi que ton travail progressera petit à petit et que tu n'en seras pas découragé. Quand le jeune homme eut entendu ce conseil, il le suivit à la lettre. Peu de temps après, le champ fut entièrement débroussaillé et nettoyé.» Fais-en autant, mon frère, avance pas à pas dans tes efforts : ainsi tu ne perdras pas courage. (*Apophtegmes des Pères du désert , *§ 1151)*

Chacun connaît la tendance qui le pousse à remettre les choses à plus tard. Quand une tâche importante nous tombe dessus, nous préférons ne pas la commencer. L'image évoquée précédemment – accomplir seulement chaque jour la petite partie correspondant à la surface que recouvre notre corps – nous encourage. Nous n'avons pas besoin d'accomplir tout en une fois. Mais nous devons commencer. Nous devons instaurer un début. Ensuite, la montagne en face de nous rapetissera de jour en jour.

Seul le début importe. Il importe de défricher le petit morceau de terrain prévu. Celui qui s'installe le matin à son bureau, avec le sentiment qu'il ne parviendra pas à accomplir le travail qui s'est amoncelé, ne fera rien du tout. Ou alors il choisira arbitrairement l'un ou l'autre document auquel il ne donnera pas même une suite correcte.

L'image de l'anecdote du vieux moine vient ici à point: je choisis la tâche la plus importante et la traite à fond. Je règle ensuite le problème suivant. À la fin de la journée, je pourrai faire valoir ce qui a été accompli. Mon bureau se sera un peu vidé.

Il est ici question d'un champ jonché d'épines et de chardons. Les épines représentent les blessures subies durant notre vie. Nous avons l'impression de ne jamais pouvoir traiter l'histoire intégrale de notre vie en la débarrassant de toutes ses épines. Contentons-nous donc de considérer le domaine de notre vie que nous pouvons apaiser en ce moment. Ainsi, petit à petit, nous éliminerons toutes les épines du champ.

Les chardons représentent les peines et les douleurs. Éliminer les chardons, qui se sont étendus sur le champ de notre vie, nécessite beaucoup d'efforts. Lorsque nous commençons à arracher les chardons implantés dans une entreprise ou une communauté, d'autres chardons poussent à un nouvel emplacement. N'oublions pas le conseil prodigué par le Père du désert, de ne pas regarder la totalité du champ tout d'un coup, mais seulement le petit morceau que recouvre notre corps en position couchée. De cette petite surface, nous parvenons à arracher les chardons. Une fois la totalité du champ désherbée, la métamorphose est réussie. Toutefois il est fort possible qu'en nous-mêmes, ou bien dans nos relations ou communautés, d'autres chardons surgissent. Dans ce cas, nous recommençons à les arracher, les uns après les autres.

3. *Commencer* signifie « commander »

L'acte de commencer, en langue grecque, évoquait une autre expérience. Le mot grec *archè* désigne non seulement le commencement, mais aussi le commandement. Et *archein* signifie aussi bien « commencer », « être le premier », que « commander », « guider ».

Commencer une chose me fait acquérir de la puissance. Ce n'est pas l'apanage des militaires.

Dans ce cas, un meneur est nécessaire pour commencer le combat, mener ses troupes dans la bataille. Il en va de même pour chacun de nos commencements quotidiens. Comme le dit un proverbe russe : « Un jour nouveau est comme un champ de neige immaculé, que personne n'a encore piétiné.» Certaines personnes entrent en trébuchant dans ce nouveau jour. Elles ratent la chance du nouveau commencement auquel nous convie chaque matin. Celui qui débute avec conscience la journée acquiert des forces neuves. Il organise cette journée en toute conscience. Il imprime sciemment sa trace dans la neige vierge de ce nouveau jour. Il ressent la magie inhérente à chaque commencement, comme l'a écrit le poète souabe Hermann Hesse.

Cette magie du commencement nous fascine et nous motive à entamer ce jour avec énergie. Nous n'entrons pas dans ce jour en trébuchant, nous ne devenons pas esclaves de notre agenda, ou bien des attentes familiales ou professionnelles. Nous régnons bien plutôt sur ce jour nouveau et sur le travail qui nous attend. Nous vivons nous-mêmes, au lieu d'être vécus. Nous devenons les meneurs de notre vie au lieu de courir après des expectatives quelconques.

J'expérimente avant tout le fait que le nouveau commencement nous place en position de meneurs par rapport à nos blessures. En compagnie de personnes en quête, je constate souvent que nombre de celles que d'autres ont blessées se complaisent dans leur rôle de victimes. Elles ont été blessées. Mais elles ne recèlent pas en elles la force de se défendre contre leurs blessures, ni de réagir activement vis-à-vis de ces blessures. Elles préfèrent conserver leur rôle de victimes et susciter la pitié.

En tant qu'accompagnateur, je prends au sérieux leur expérience de victimes. Ces hommes sont vraiment devenus les victimes d'offenses et d'injures, de dénigrements et parfois aussi d'abus. Mais s'ils restent coincés dans leur rôle de victimes, ils sont soumis à un lourd poids qui les écrase.

Commencer signifie «redevenir maître de ma vie», «renoncer à une attitude passive et devenir actif». Et si je deviens actif, une force m'échoie aussi. Je ne me laisse plus gouverné par ceux qui m'ont blessé. Je commence moi-même à vivre.

Nous n'endossons pas seulement le rôle de victime quand quelqu'un nous blesse. Souvent nous sentons-nous victimes des circonstances extérieures. Nous nous sentons victimes des hautes attentes dont on nous entourait. Nous ne sommes pas à la hauteur. Nous ne pouvons pas accomplir tout ce qui est attendu de nous. Ou bien nous sentons-nous victimes de nos modèles de vie, si ancrés en nous. Victimes de nos besoins qui veulent être satisfaits.

Et pourtant ma décision m'appartient de me sentir victime ou de commencer à vivre moi-même. Je ne suis alors plus seulement dominé par mes besoins, mais je les domine. Je ne suis plus déterminé par les attentes des autres, mais j'y réponds en toute liberté. Je décide quelles attentes satisfaire ou non. *Commencer* signifie «exercer le pouvoir que Dieu m'a destiné». Nous possédons nous-mêmes le pouvoir de nous y atteler et de mettre les choses en mouvement. Nous ne sommes pas les victimes des circonstances de la vie, ni des attentes qui pèsent sur nous de l'extérieur. Nous avons le pouvoir de prendre un nouveau départ.

Qui commence devient meneur dans la vie. Qui s'empare des problèmes détient le pouvoir. Il endosse la responsabilité. Nous en faisons l'expérience à chaque réunion. Celui qui commence la réunion, qui prend le premier la parole, détermine l'orientation de la réunion. Il a le pouvoir de la diriger dans le sens qu'il désire. Il arrive souvent que personne ne veuille commencer une réunion. Chaque participant se repose sur l'autre. Et certains pensent exercer davantage d'influence en laissant les autres s'exprimer et en prenant la parole les derniers. Mais ils suivent souvent l'impulsion donnée par le premier orateur. Celui qui commence a le pouvoir. Il imprime à la réunion sa marque. Il en détermine l'ordre du jour.

Beaucoup se sentent démunis en cas d'échec. Un de leurs rêves s'est effondré, alors qu'il les avait motivés à travailler sur eux-mêmes et à se donner du mal. Le rêve de leur vie est brisé. Ils se sentent paralysés, leur pouvoir et leur force se sont dissipés. Ils ne peuvent pas simplement commencer. Ils ont besoin de temps pour oser un nouveau départ. C'est déjà positif qu'ils ne restent pas bloqués dans leur passivité. Ils devront puiser dans la force qui était en jeu tant qu'ils vivaient dans leur rêve. La source de cette force est toujours en eux. Toucher la source de cette force leur redonnera petit à petit l'envie de recommencer.

Il existe une interaction entre la force et le commencement. Quand j'ose commencer, l'ancienne force à nouveau m'échoie. Et inversement: quand je sens l'ancienne force à nouveau en moi, je retrouve le courage de commencer. Je ne peux pas attendre que l'ancienne force soit à nouveau en moi en abondance. Je pressens cette force, commence, et la force se renforce dans l'acte même de commencer. Voici la confiance que voulaient éveiller en nous les Grecs de l'Antiquité en partageant leur expérience du commencement, dont le mot *archein* est aujourd'hui le témoin dans sa double signification: «acte de commencer» et «commander».

4. Commencement et fin

Les Romains ont visiblement fait leurs propres expériences relatives à l'acte de commencer. Ils employaient de nombreux mots pour désigner le commencement. Citons par exemple *initium*, qui signifie : « pénétrer dans quelque chose de nouveau », « instaurer un commencement ». Quand j'entre quelque part, j'ai un but. J'envisage d'emblée la fin. *Initium* comme point de départ est alors supplanté par la fin, *exitus* ou *finis*. Quand j'entre quelque part, j'espère aussi en sortir. Mais si je n'entre nulle part, je n'en sortirai pas non plus. Celui qui n'ose pas entrer reste tout le temps devant la porte de l'inconnu, et donc de l'inachevé. Pour lui, il n'y aura jamais de fin satisfaisante.

Le deuxième mot latin que nous citerons ici est *principium*. Il signifie le fondement même du commencement, qui donne son empreinte au tout. Ce commencement ne peut être enlevé, il reste, gravé à jamais.

Le fondement même du commencement justifie la suite. Il constitue les fondations sur lesquelles je bâtirai ma maison. Aujourd'hui encore nous parlons de principes fondamentaux sur lesquels nous bâtissons notre vie.

Nous sommes parfois intransigeants sur nos principes. Dans ce cas, ces principes deviennent inébranlables. Néanmoins, les Romains conféraient un sens différent au terme *principium*. Le principe est la première chose dont je me saisis, qui donne son empreinte à la suite.

C'est pourquoi ce principe doit être choisi avec grand soin : je dois bien réfléchir à la manière dont je commence tout. Car toute la suite dépend d'un bon commencement. Les Romains connaissaient aussi les dangers d'un mauvais commencement. Ils s'en prémunissaient avec les paroles « *Principiis obsta* » (« Combats le mal à son origine »). Peuvent également en résulter de mauvaises habitudes, des comportements à se rendre malades et des mœurs malsaines. Il faut résister à de tels commencements en les remplaçant par un bon commencement, dont les fruits seront bénis.

Avec le mot *initium* et son verbe *inire*, l'image de la marche domine pour parler du commencement. Je commence à entrer dans quelque chose. Je commence par mon propre chemin, que je suis. Le mot *incipere* équivaut au verbe français *commencer*. L'image de la main prédomine ici. Quand je prends quelque chose en mains, je commence. Je m'en saisis. *Incipere* s'oppose toujours à *s'abstenir*. Nombreux sont ceux qui gardent leurs mains sur leurs genoux, au lieu de s'en servir pour saisir quelque chose. Ils restent spectateurs au lieu de s'impliquer, de prendre eux-mêmes les choses en mains.

Ils attendent qu'autrui résolve leurs problèmes. Celui qui prend sa destinée en mains en assume la responsabilité. Commencer implique toujours d'être prêt à prendre soi-même la responsabilité de sa vie.

⁂ L'Évangile selon saint Marc mentionne un homme dont la main était atrophiée. Il n'a pas pris sa vie en mains. Il s'est débrouillé pour ne jamais se brûler les doigts. Mais sa main est désormais privée de force. Elle est atrophiée. Jésus guérit cet homme en l'invitant une seule fois à venir au milieu. Il doit s'insurger contre sa situation. Puis Jésus lui intime l'ordre de tendre la main. Et l'homme la tend. Il prend lui-même sa vie en mains. (Évangile selon saint Marc 3, 1-6)

⁂ Le mot *inchoare*, lui aussi, signifie « le commencement », « poser un fondement », par opposition à « achever ». Quand je commence quelque chose, j'aimerais l'achever. Je ne souhaite pas l'abandonner à moitié entamée. Quand je tiens mon journal intime, je souhaite l'organiser d'une façon bien particulière. Dès le début, je détermine la façon dont je le tiendrai à jour. De même un projet initié en entreprise doit être mené à terme. Ou en s'unissant, les mariés espèrent vivre ensemble jusqu'à leur mort.

⁂ Notre digression sur les langues latines nous montre combien les hommes se sont attachés jadis à penser le commencement et le début. L'acte de commencer a fait l'objet d'expériences très nuancées. J'entre quelque part en espérant trouver une bonne porte de sortie. Et je pose un fondement qui vaut pour ma vie entière. Quand j'ose un nouveau commencement, je mets en place les conditions requises d'une vie réussie. J'imprime alors dans ma vie une empreinte qui reste – même si elle peut se modifier au cours du temps.

5. La fascination du nouveau

Le terme *nouveau* vient du latin *novus*. Les Romains[3] n'avaient qu'un seul mot pour cette notion. Les Grecs en revanche employaient deux mots différents : *neos* puis *Kainos*. *Neos* désigne le nouveau, qui est encore jeune, immature. Quand nous parlons d'un novice dans l'entreprise ou du nouveau dans l'association, nous sous-entendons le plus souvent que ces personnes ont peu d'expérience, qu'elles sont immatures, qu'on ne peut pas encore en attendre beaucoup.

Dans son Évangile, Luc emploi le terme *neos* pour rapporter les propos de Jésus :

« Et personne, après avoir bu du vin vieux, n'en veut du nouveau. On dit en effet : C'est le vieux qui est bon. » (Évangile selon saint Luc 5, 39)

Neos désigne ce qui n'a pas encore été expérimenté. On observe avec un certain scepticisme si le nouveau collègue fait réellement mieux, si de nouvelles méthodes changent réellement l'entreprise.

En revanche, le mot grec *kainos* désigne ce qui est supérieur à l'ancien, ce qui nous fascine. Il désigne ce qui est inhabituel, différent, inattendu. *Neos* est la jeunesse immature, dépourvue de piété pour l'ancien. *Kainos* en revanche désigne ce qui est mieux que l'ancien, qui possède une nouvelle qualité et nous fascine. Nous ressentons cette qualité lorsque nous sommes enthousiasmés par un nouveau lecteur CD, une nouvelle voiture, un nouveau vêtement. Le nouveau suscite notre étonnement. Ce mot recèle la promesse d'une nouvelle qualité de vie, d'une nouvelle beauté. C'est en même temps la promesse que notre vie deviendra nouvelle, que nous allons recommencer et que du nouveau s'épanouira en nous. Le nouveau *kainos*, que nous percevons dans un nouvel habit, une nouvelle voiture, une nouvelle maison, constitue un miroir reflétant ce qui est nouveau en nous. Il trouve écho dans notre nostalgie à l'idée de repartir à zéro, de renouveler tout ce qui est en nous.

Le Nouveau Testament emploie toujours le mot *kainos* au sujet des actions de Jésus, génératrices de nouveau. Jésus apporte le vin nouveau pour remplir des outres neuves. Dans ce verset, Luc différencie clairement le vin nouveau (*neos*), qui vient d'être pressé, et les outres neuves (*kainos*) (Évangile selon saint Luc 5,38). Le vin nouveau n'est pas nécessairement meilleur que le vieux, mais, versé dans des outres neuves, il peut surpasser la qualité du vieux vin. Jésus conclut une nouvelle alliance avec son sang, une alliance que les hommes ne peuvent plus briser car elle se fonde sur l'amour de Dieu lui-même et non plus sur la volonté versatile de l'homme. Puis il nous donne un nouveau commandement :

« Je vous donne un commandement nouveau : vous aimer les uns les autres ; comme je vous ai aimés, aimez-vous les uns les autres. » (Évangile selon saint Jean 13,34)

Paul lui aussi peut utiliser le concept de *nouveau* pour décrire notre existence en tant que chrétiens :

Si donc quelqu'un est dans le Christ, c'est une création nouvelle : l'être ancien a disparu, un être nouveau est là. (Deuxième épître aux Corinthiens 5,17)

Le baptême a fait de nous des êtres nouveaux. Et ainsi devons-nous cheminer dans la nouveauté (*kainoteti*) de l'existence. (Épître aux Romains 6,4) L'ancien, le passé n'exerce plus aucun pouvoir sur nous. Ce ne sont pas seulement des mots pieux. Nous comprenons les propos de Paul quand, s'étant échappés d'une situation sans issue, après une dispute ou un échec, nous pouvons repartir de zéro. L'ancien ne colle plus à nous. Nous pouvons garder la tête haute. Nous pouvons nous débarrasser du passé.

Oser un nouveau commencement, au sens biblique, revêt deux significations. D'une part, le nouveau est déjà en moi. L'esprit de Dieu est en moi, il me renouvelle à chaque instant et génère en moi du nouveau. Quand, dans le silence, je tends l'oreille à ce qui est en moi, je ressens l'éclosion de toutes mes possibilités. De nouvelles idées surgissent, l'intuition d'oser du nouveau, d'adopter de nouveaux comportements. Sans forcément tout refaire, je dois accorder davantage de confiance au nouveau déjà latent en moi. Dans cette perspective, je dois veiller à laisser croître et prendre forme en moi le nouveau que Dieu à tout moment produit en moi. D'autre part, un nouveau commencement signifie pour moi que le nouveau, déjà en moi, imprègne mes pensées, mes paroles et mes actions. Un renouveau implique l'émergence d'idées et d'attitudes neuves à même d'influencer nos vies et nos comportements vis-à-vis d'autrui.

Dieu est le renouveau éternel. Par l'entremise de Jésus-Christ, il nous offre son Esprit saint, qui nous renouvelle sans cesse. Nous-mêmes sommes la source du Saint-Esprit. Et cette source est un jaillissement permanent de nouveauté. À première vue, cela paraît contradictoire: ce qui est éternel est ancien et a fait ses preuves. Pourtant Dieu est le renouveau éternel. Dieu crée en nous tout ce qui est nouveau. Cette certitude a donné aux disciples de Jésus le courage d'oser le nouveau, de quitter leur cercle proche en Galilée pour apporter la Bonne Nouvelle du royaume de Dieu au monde entier, que Jésus-Christ nous a rendu présent. En ce qui me concerne, cela représente un encouragement puissant. Je dois cesser de me plaindre que mon existence est fragile, que j'ai été lésé dans le passé. Tout cela peut être vrai, mais le Saint-Esprit est en moi, qui renouvelle tout. Je ne dois pas pour autant refouler mon passé. Mais dans les stigmates de mon passé, le Saint-Esprit a pu introduire le nouveau.

Le prophète Isaïe a merveilleusement rapporté cette expérience. Il parle ainsi de certains jeunes gens fatigués, las, qui trébuchent et tombent :

> *… mais ceux qui espèrent en Yahvé renouvellent leur force, ils déploient leurs ailes comme des aigles, ils courent s'épuiser, ils marchent sans se fatiguer. (Isaïe 40,31)*

Dieu nous donne toujours une force nouvelle. Cette force transparaît dans la jeunesse d'esprit de la personne âgée. Le nouveau en nous, telle l'aile d'un aigle, nous soulève pour nous permettre avec légèreté de découvrir de nouveaux chemins. Ces paroles, si nous les laissons imprégner notre cœur, nous mettent en contact avec le nouveau et le jeune, grâce aux ailes d'aigles que nous portons tous en nous.

6. Les enfants, symboles du nouveau commencement

Nous rêvons souvent d'enfants. Nous portons un bébé dans les bras. Nous le promenons dans son landau. Mais parfois, dans nos rêves, nous sommes distraits en le promenant. Nous le laissons choir. Ou bien nous descendons le landau à la cave en y laissant l'enfant. Dans les rêves, l'enfant symbolise toujours le nouveau et pur, qui aimerait croître en nous. Il représente aussi l'image unique de Dieu en nous. À chaque fois que nous rêvons d'un enfant, c'est le signe qu'un élément nouveau s'éveille en nous, que nous avons avancé d'un pas en direction de notre véritable essence, vers l'image originelle et unique de Dieu en nous.

Mais ces rêves nous exhortent à traiter l'enfant avec sollicitude. Une femme rêva que, lors de son accouchement, la tête de son enfant refusait tout bonnement de sortir de son corps. La sage-femme avait beau tirer sur le corps, le cou s'allongeait de plus en plus, la tête restait dans l'utérus. Pendant l'entretien, la femme comprit la signification de ce rêve. Elle frôlait le contact avec sa véritable essence. Quelque chose de nouveau s'annonçait.

Elle ne voulait plus se contenter de satisfaire les attentes de son entourage, mais elle voulait être elle-même, vivre en accord avec son essence. Mais sa tête s'y refusait. Ce rêve l'exhortait à réfléchir rationnellement à ce que le nouveau signifiait pour sa vie. Comment devait-elle rendre le nouveau concret ? Son rêve lui montrait qu'elle aspirait certes sentimentalement au nouveau, mais qu'elle s'enfermait encore intellectuellement dans l'ancienne situation. Ainsi son rêve l'encourageait-il à réfléchir de façon nouvelle à sa vie, à se demander : Cela me convient-il ? Qu'est-ce qui croîtra en moi ? Et comment puis-je le concrétiser dans mon existence ? Il n'était pas question de divorcer pour prendre un nouveau départ, mais de renouveler son union, d'y intégrer de nouveaux modèles de conduite, de réorganiser son quotidien.

Une autre femme rêva d'un enfant qu'elle promenait en landau. Le soir venu – toujours dans son rêve –, elle descendit le landau dans la cave en y laissant l'enfant. Le rêve se terminait sur sa question angoissée : Mais où est donc mon enfant ? Et elle fut effrayée en réalisant qu'elle l'avait enfermé à la cave. En entretien, elle comprit que du nouveau cherchait à s'exprimer en elle, mais qu'elle l'enfermait à la cave. La cave symbolise son inconscient. Dans ce cas également, ma tâche consistait à rendre la femme consciente de la nature de l'élément nouveau qui demandait la parole. Il ne suffit pas de souligner cet élément nouveau. Je dois aussi prendre conscience, réfléchir à la nature de cet élément, à la manière dont je peux le traduire en nouveaux comportements. Je dois remonter le landau de la cave et le pousser en pleine lumière à travers ma vie. Je porterai alors un nouveau regard sur mon travail, mes relations, mes pensées et mes actions et les réorganiserai en conséquence.

Les rêves dans lesquels des enfants jouent un rôle sont toujours des rêves pleins de promesses. Ils nous montrent que nous ne restons pas simplement en place à vivre la répétition du même. En nous, le nouveau prend la parole. Il veut faire croître en nous un élément qui nous rapproche de la fraîcheur et la créativité originelles d'un enfant. Nous devons alors porter sur notre vie un regard nouveau, un regard d'enfant, qui continue de s'étonner. Puis, comme un enfant, nous devons nous saisir des pièces de Lego pour ce qu'elles permettent de bâtir.

7. Noël : Dieu fête avec nous un nouveau commencement

À Noël, nous fêtons un nouveau commencement. Lors de son prêche de Noël, le pape Léon Ier (mort en 461) l'avait déjà dit :

Comme nous célébrons l'apparition de notre Sauveur avec vénération, cela montre que nous fêtons notre propre commencement.

Ce pape exprimait ainsi qu'à Noël le chemin d'antan est aboli, l'homme accomplit son passage à l'homme nouveau. Dieu est venu au monde sous la forme d'un nouveau-né. Se confirment les promesses enfouies dans nos rêves où apparaît un enfant.

Dieu nous promet un nouveau commencement. Nous ne sommes pas ancrés dans notre passé, dans nos vieilles blessures, dans les stéréotypes de nos parents, qui nous empêchent de vivre nos propres vies. Dieu lui-même instaure avec nous un nouveau commencement, puisqu'il s'aventure dans notre réalité en tant qu'enfant. Il nous libère de la contrainte nous poussant à nous définir en fonction de notre passé. Peu importe l'apparence que revêt l'histoire de notre vie, peu importe ce qui est allé de travers, ce qui nous pèse, nous pouvons le laisser derrière nous et commencer à nouveau, car Dieu lui-même, avec nous, commence à nouveau.

Avec cette fameuse phrase, le pape Léon Ier interprète la rédemption comme un renouveau. Il regarde non pas le passé censé être assumé et transformé, mais le nouveau départ. Lorsque le Christ apparaît sur terre, il nous offre la possibilité d'un nouveau commencement. La rédemption apparaît ici en pleine lumière. Jésus nous indique de nouveaux chemins, que nous pouvons emprunter. Il nous enseigne la sagesse, il nous montre les nouveaux chemins pour vivre. Par l'intermédiaire de Jésus, Dieu lui-même vient renouveler notre vie. Quand Dieu se fait homme, l'homme devient nouveau. Alors tout ce qui est ancien et qui l'a empêché de vivre se détache de lui. L'homme participe alors à l'éternellement nouveau qui est en Dieu : il accède alors à l'esprit de Dieu, qui nous rénove.

À travers Jésus, Dieu n'est pas seulement devenu homme. Il est né enfant. Ce mystère, que nous fêtons à Noël, montre que Dieu souhaite concrétiser en nous grâce à Jésus toutes les promesses que porte un enfant. À sa naissance, l'enfant est une page blanche. Tout peut advenir de lui.

Ce que l'enfant vit au travers de son père et de sa mère le marquera. L'enfant présente des dispositions, qui se déploieront seulement au contact de ses parents et de sa fratrie, puis au contact de tous ceux qu'il rencontrera durant sa vie. Ainsi Noël signifie également à nos yeux que nous sommes encore une page blanche. De nombreuses possibilités peuvent s'épanouir dans notre vie si, telle que nous l'avons reçue, elle contient Dieu. Le divin enfant, qui nous rencontre en Jésus, nous met en contact avec le divin enfant en nous. L'Enfant-divin symbolise, pour le psychanalyste Carl Gustav Jung, le guérisseur et l'unificateur. En lui, toutes nos potentialités sont dissimulées. Noël est la fête de nos espérances. Dieu permettra à toutes les possibilités qu'il nous a offertes de s'épanouir grâce à la rencontre avec sa Parole, mais aussi avec les hommes qui nous marquent.

Le nouveau commencement, que Dieu place dans la kénose de son fils, ne se réfère pas seulement aux nouveaux départs individuels de chaque être humain, mais aussi à l'histoire de l'humanité. Avec l'arrivée de Jésus, quelque chose de nouveau se produit. Dieu ne se contente pas de parler aux hommes, il vient lui-même à eux. Il devient homme. Il vient dans la chair de l'homme, pour y demeurer à jamais. Cela offre aux hommes une nouvelle communauté. Cette nouvelle communauté a surtout fasciné l'évangéliste Luc. Là vivaient des Juifs et des Grecs, des hommes et des femmes, des pauvres et des riches, des jeunes et des vieux, réunis dans l'esprit de Jésus. Et cette petite communauté originelle de Jérusalem porte ses fruits dans le monde entier. Elle s'étend jusqu'aux limites du monde alors connu. L'histoire de l'humanité connaît un nouveau commencement.

Quand nous pensons à l'histoire de notre propre vie, nous pensons essentiellement au passé : à ce qui fut. Pourtant l'histoire continue, elle s'ouvre à un futur. Ainsi l'incarnation de Dieu en Jésus-Christ permet à chacun d'entre nous de visualiser l'histoire de sa vie sous un nouvel éclairage, et plus encore d'y déceler la promesse qui s'y trouve.

Le passé n'est pas un poids mort qui nous écrase. Il se transforme bien plutôt grâce au nouveau commencement que Jésus initie aussi pour notre vie personnelle. Il ne nous opprime plus, mais fait figure de promesse d'avenir. Et il nous invite à vivre pleinement le moment présent. Quand le Christ est en moi, le moment présent compte davantage. Je réalise qui je suis et que Jésus habite en moi. Alors tout devient nouveau et chaque instant est gravé par ce Dieu toujours nouveau.

8. Que chaque instant soit un nouveau commencement

Ce qui nous empêche d'initier un nouveau commencement est souvent le fait de ruminer le passé. Nous nous frottons aux sentiments de culpabilité. Nous nous demandons si, par le passé, nous avons agi correctement ou si les erreurs que nous aurions commises pèseraient sur nos épaules. Dans ce cas, nous perdons le courage nécessaire à un nouveau commencement. Nous sommes encore prisonniers du passé.

Un Père du désert évoque cette expérience[4]. Un jour, le moine du désert Abba Pambo vient consulter le célèbre Abba Antoine, le fondateur du premier monastère, et lui demande : « Que dois-je faire ? » Abba Antoine réplique :

> *« Ne construis pas d'après ta justice personnelle, et ne donne prise à aucun repentir d'une chose appartenant au passé ; et développe l'abstinence de la bouche et du ventre. »*
> (Apophtegmes des Pères du désert, *§ 6*)

Cette courte phrase renferme une grande sagesse. Nous devons cesser de ruminer le passé, de nous poser sans cesse la question de savoir si nous avons agi correctement ou si nous avons commis des fautes. La confiance que nous mettons en la clémence de Dieu implique que nous soyons aussi capables de nous pardonner nos propres fautes et d'arrêter de réfléchir à ce qui fut. Cette libération à l'égard du ressassement du passé et de l'estimation constante de nos actes est liée au fait de ne pas nous juger d'après notre justice personnelle.

Que nous soyons justes, que nous ayons toujours agi avec droiture ou non, n'a pas une importance primordiale. Il importe de donner une chance à Dieu. Et Dieu peut renouveler notre vie à chaque instant. Lorsque nous avons confiance en Dieu, et non en notre propre justice, nous sommes libres de prendre un nouveau départ. Ainsi ne gaspillons-nous pas notre énergie à nous demander si nous sommes ou non justes. Peu importe notre justice personnelle ; ce qui compte, c'est que nous fassions confiance à Dieu pour nous renouveler. Grâce à cette confiance, nous pouvons initier à chaque instant un nouveau commencement. Ne nous laissons pas gêner par ce qui fut. Nous osons un nouveau commencement par la confiance en ce Dieu qui nous renouvelle à chaque instant.

Nous pensons souvent qu'un nouveau départ n'est possible qu'à condition que nous nous repentions du passé. Mais parfois nous risquons de ressasser ce repentir.

Nous ne parvenons pas à nous pardonner de ne pas être aussi parfaits que nous l'aurions souhaité. Certaines personnes, selon l'avis de Carl Gustav Jung, restent coincées dans leur repentir, un peu comme nous préférons nous prélasser dans un lit douillet par un matin d'hiver que nous lever pour débuter la journée.

Les paroles du moine, citées précédemment, nous montrent que nous ne devrions pas donner autant d'importance à notre passé, que nous devrions nous libérer de cette image idéale que nous avons de nous-mêmes. Cette image nous empêche souvent de nous libérer de notre passé et de poursuivre notre route, tout simplement. Nous avons tendance à nous justifier sans cesse vis-à-vis de nous-mêmes et des autres. Ce besoin de justification nous empêche de nous aventurer dans le nouveau. En revanche, la confiance absolue, selon laquelle l'esprit de Dieu nous est offert en permanence, nous permet de faire lâcher prise au passé au lieu de le ressasser sans cesse, de nous aventurer dans l'instant que nous renouvelons chaque fois.

L'apophtegme d'Abba Antoine me fut d'une grande aide. Quand j'ai commencé à prodiguer mes consultations d'accompagnement spirituel, j'ai dépensé beaucoup d'énergie à relire mes notes. Et je me suis souvent reproché de ne pas avoir pensé sur le moment à tel ou tel argument, ou bien de ne pas avoir suffisamment prêté attention à la situation de mon interlocuteur, ou encore d'avoir prononcé des conseils trop théoriques.

Rétrospectivement, je m'aperçois que j'attachais une importance plus grande à mon autocritique qu'à l'aide que mon interlocuteur retirait de l'entretien. Cette réflexion constante m'a souvent empêché de m'aventurer dans un entretien avec autrui en ayant un esprit neuf.

Je réalisai un jour que mes performances lors de ces entretiens ne comptaient pas du tout. Ce qui importe bien plus était que Dieu agisse sur mon interlocuteur au cours de l'exercice. Dieu ne touche pas toujours autrui au travers de nos sages paroles, mais souvent au travers de nos mots maladroits ou de nos réactions inadaptées. Quand je cesse de ressasser la valeur de mes jugements, la justesse de mes paroles et de mes comportements, je deviens disponible pour un nouvel entretien, que je peux commencer avec une confiance nouvelle.

9. Le pardon comme nouveau commencement

L'anecdote du Père du désert, que nous avons citée précédemment, nous invite à nous pardonner à nous-mêmes : à abandonner le passé à la miséricorde de Dieu. Souvent le fait de ne pas pouvoir pardonner à autrui nous empêche de prendre un nouveau départ. Tant que nous ne pardonnons pas, nous restons liés à la personne qui nous a blessés. Nous restons en fin de compte soudés au passé, à la blessure passée. Et quand nous ne pardonnons pas, nous comptabilisons chacun nos blessures. Cette situation est fréquente dans les couples. Chacun comptabilise combien de fois l'autre l'a blessé. Plus nous comptabilisons ce que l'autre nous doit, plus nous nous éloignons l'un de l'autre. Chacun de nous s'ancre dans le passé.

Sans le pardon, il n'existe pas de réelle vie commune. Plus nous aimons l'autre, plus nous sommes vulnérables. Et que nous le voulions ou non, nous nous blessons mutuellement. Ces offenses peuvent nous écorcher vif. L'amour meurt alors peu à peu. Si nous sommes prêts à pardonner à l'autre, ces blessures ne nous écorchent plus, mais ouvrent notre cœur à l'autre. Ces blessures cessent alors de nous ancrer dans le passé pour ouvrir la porte à un avenir plus sincère et rempli d'amour. Pardonner ne signifie ni céder ni tout accepter. Le pardon est bien plutôt un sentiment actif. Le mot latin désignant le pardon est *dimittere*, c'est-à-dire « envoyer de côté et d'autre ». Quand je pardonne à autrui son attitude négative, je ne l'excuse pas pour autant ni ne la déclare *a posteriori* positive. Bien plutôt, je la lui laisse. J'élimine l'énergie négative provoquée en moi par la blessure.

Je me libère du cercle vicieux de ma propre blessure morale. Ainsi je deviens capable d'aller au-devant d'autrui. Toutefois pardonner ne signifie pas fermer les yeux au comportement blessant d'autrui. Il arrive que, malgré le pardon, je doive garder quelque distance intérieure afin de me protéger de blessures nouvelles ou répétées.

Quand je pardonne à mon partenaire, nous cessons de rejeter l'un sur l'autre la responsabilité des conflits. Je deviens capable de tendre à l'autre mon cœur blessé. Les offenses réciproques nous brisent le cœur.

Quand j'ouvre à l'autre mon cœur brisé, l'amour peut tous deux nous envahir. De cette façon, les conflits renforcent l'amour, au lieu de le laisser décliner. Les blessures ne conduisent plus à une comptabilité réciproque, mais à un nouveau départ. Nous laissons se briser la carapace que nous avons édifiée autour de notre cœur.

Nous laissons notre cœur s'ouvrir à l'autre. Ainsi sans cesse nous nous ouvrons, nous osons prendre un nouveau départ, pour instaurer un nouveau commencement. L'éclosion mène au départ, au renouveau.

10. Échouer et recommencer

Sans cesse, nous subissons des échecs dans notre vie. Nous échouons dans notre relation avec notre conjoint. Nous échouons dans notre vie professionnelle.

Chaque échec nous oblige à repartir de zéro. Sinon, nous resterions affalés sur l'amas de débris de nos rêves et de nos projets d'existence démolis.

Chacun de ces échecs est douloureux. Beaucoup d'hommes culpabilisent en cas d'échec. Ils éprouvent le sentiment que leur vie ne devrait pas comporter d'échecs. Et en cas d'échec, ils s'imaginent que c'est de leur faute. Pourtant le fait d'échouer peut être dénué de toute culpabilité, comme dans le cas d'un mariage qui échouerait malgré le plus grand soin des partenaires, ou encore dans le cadre d'un travail qui tournerait au fiasco malgré les efforts fournis par le protagoniste.

En allemand, le verbe *scheitern* («échouer») est issu du terme *Scheit* («bûche»), qui désigne un tronçon de bois fendu. Il vient également de *scheiden* qui signifie «couper», «séparer». Le mot *Scheitern* («échec») signifie par conséquent que quelque chose censé rester uni est découpé, fendu, séparé. Un ensemble s'effrite, se détache en plusieurs morceaux. Le projet de vie conçu à l'origine échoue et tombe en ruine. Le verbe allemand *scheiden*, à l'origine du terme *Scheitern* (« échec »), est employé pour l'échec en mariage : un mariage devient un *Scheidung*[5] (« divorce »).

La racine du verbe *scheiden* se retrouve aussi dans le mot *Abschied* (« adieu »). Lors de chaque échec, nous faisons nos adieux à une image idéale de notre propre vie et à l'image que nous avons de nous-mêmes. *Verscheiden* (« trépasser ») signifie « mourir ». Échouer n'est pas sans rapport avec mourir. Une chose meurt, en laquelle nous avions placé notre espoir. Suite à un échec, nous devons « décider » (*entscheiden*) quelle nouvelle direction donner à notre chemin. Et la capacité de « distinction » (*Unterscheidung*) nous est nécessaire pour analyser les causes de l'échec et la manière dont recoller les débris de l'édifice de notre vie, la manière dont, de la « séparation » (*Abscheiden*), une nouvelle vie pourra naître.

Il est pénible de s'avouer un échec. En rendre l'autre ou les autres responsables est plus simple. Mais tant que nous rejetons la faute sur autrui, nous n'utiliserons pas l'échec comme tremplin pour un nouveau départ. Ou bien nous nous blâmons nous-mêmes. Nous avons trop peu prié, trop peu fait confiance, nous nous sommes trop peu occupés de notre relation ou de notre réussite professionnelle. En fait, toute cette culpabilisation n'est qu'une dérobade devant l'échec. Nous refusons d'admettre que nous avons échoué. Seul l'aveu d'échec nous rend capables d'oser instaurer un nouveau commencement. Nous n'analysons pas ce qui s'est passé et renonçons à rechercher la cause de l'échec. Nous nous laissons abattre par l'échec, ce qui nous empêche de prendre un nouveau départ, d'oser une nouvelle percée vers l'avenir.

Or c'est précisément après l'échec que le courage d'instaurer un nouveau commencement devient nécessaire. À ce moment, nous courons le danger de chercher à nous cacher. Nous éprouvons de la honte et nous dissimulons loin du regard des autres, nous enfonçant dans l'échec. Seul l'aveu d'échec, sans en blâmer ni autrui ni mon propre comportement, me donne le courage de recommencer. L'estimation me maintient dans le passé, tandis que l'acceptation de l'échec me libère et m'ouvre au futur. J'admets mon échec. Mais je saisis ma chance d'impulser à ma vie une nouvelle direction.

Un jeune homme est tombé amoureux d'une femme. Ils entament une relation, tout semble se dérouler à ravir. Un jour, la femme lui annonce ne plus pouvoir vivre avec lui et le quitte. Il lui demande la raison de cette rupture, s'il a commis une erreur, comment il pourrait améliorer leur relation. Elle lui refuse toute explication. Elle se contente de lui dire qu'elle ne veut plus de cette relation.

Le jeune homme s'était totalement investi dans cette relation, et la voilà détruite. Cet échec le ronge et l'endurcit. Il ne veut plus s'engager sentimentalement, il ne supporterait pas d'être à nouveau blessé à ce point. Cette réaction est compréhensible, mais elle le prive de toute vie de couple réussie, à laquelle il aspire. Il doit admettre son échec. Il ne s'agit pas de chercher à identifier le responsable. Cette relation a échoué. Je peux chercher une explication, mais je n'arriverai jamais à comprendre pleinement cet échec. Ma tâche désormais est d'admettre l'échec et de m'en faire une raison. Je deviens alors prêt pour une nouvelle relation.

L'échec à lui seul ne produit pas de nouveau départ. Il nous rend souvent incertains. Il nous dérobe notre confiance en la réussite d'une nouvelle relation. L'échec me montre l'impossibilité d'avoir la garantie absolue qu'une amitié ou un mariage tiendra. Il m'invite à être confiant, malgré toute incertitude et tout doute, dans le fait que Dieu bénit la nouvelle relation. Et l'échec m'invite à réfléchir à ce qui est important pour la réussite d'une amitié. Je ne recherche pas la faute dans le passé. Je réfléchis – tel le constructeur de la tour dans la parabole issue de l'Évangile selon saint Luc (14,28-30) – à l'investissement nécessaire pour que le projet d'une nouvelle vie de couple soit une réussite.

11. La résurrection comme nouveau commencement

La croix et la résurrection sont les symboles chrétiens de l'échec et du nouveau commencement. Nous avons toutefois interprété trop rapidement la croix comme le lieu de la rédemption. Ce fut tout d'abord un échec.

Jésus échoue dans sa tentative de ramener les hommes à Dieu, de les convaincre de la Bonne Nouvelle. Ses efforts pour leur transmettre l'image d'un Dieu d'amour sont un échec. Les Sadducéens le livrent aux Romains car il a chassé les marchands du temple, les privant ainsi de leurs sources de revenus. Mais il ne reste pas sur son échec. Dieu le ressuscite d'entre les morts. Ainsi sort-il de sa tombe. La tradition chrétienne a loué le Ressuscité comme étant le vainqueur face à la mort, le vainqueur face à tous les échecs.

Ainsi, la croix et la résurrection symbolisent le fait qu'il n'existe pour nous aucun échec qui ne puisse devenir un nouveau commencement. Notre conception de l'existence a beau s'écrouler, s'effondrer, rien ne peut finalement nous empêcher d'instaurer un nouveau commencement. La résurrection de Jésus nous donne l'espoir qu'il n'existe aucun engourdissement en nous qui ne puisse être fendu pour laisser place à une vitalité neuve; qu'il n'existe aucune mort qui n'aboutisse à la vie et aucune tombe dans laquelle une vie nouvelle ne fleurisse. La croix symbolise tout ce qui peut contrecarrer notre vie, tous ses aléas. La croix contrecarre nos projets d'avenir, notre conception de l'existence, nos rêves, mais elle ne nous brise pas. Au contraire, elle nous élève vers la vie nouvelle qui rayonne dans la résurrection de Jésus. Chaque échec porte en soi la possibilité de la résurrection.

Se pose la question suivante: que pouvons-nous faire pour que notre échec aboutisse à la résurrection? Les Évangiles décrivent ce que Jésus a fait. Il a exprimé à Dieu son abandon. Il a admis son abandon et son échec, il les a confiés à Dieu par sa prière. Ainsi, l'abandon sur la croix, qui commence par un cri, se transforme en une prière empreinte de confiance. Jésus a prié sur la croix, le Psaume 22 débute par un cri d'abandon. Mais épanchant sa détresse devant Dieu, Jésus finit par prier:

Car il n'a point méprisé, ni dédaigné la pauvreté du pauvre, ni caché de lui sa face, mais invoqué par lui il écouta. De toi vient ma louange dans la grande assemblée, j'accomplirai mes vœux devant ceux qui le craignent. (Psaume 22,25-26)

Luc raconte que Jésus est mort en prononçant une prière empreinte de confiance :

« Père, en tes mains je remets mon esprit. » (Évangile selon saint Luc 23,46)

Le deuxième pas que nous devons faire après un échec consiste, dans toute notre fragilité, à nous en remettre aux mains de Dieu, confiants d'être soutenus par tout son amour pour nous.

Le troisième pas devient clair quand nous nous rappelons que Jésus gisait dans sa tombe durant trois jours. Nous devons enterrer tous les reproches et les remords encore présents en nous. Nous devons enterrer nos échecs et nos cassures. Ce n'est qu'alors que Dieu nous relèvera de notre échec, comme il a ressuscité Jésus. Il nous rappellera de notre tombe pour qu'avec Jésus nous ressuscitions. La résurrection de Jésus nous procure le courage de savoir que nous pouvons nous aussi nous relever de la tombe de notre résignation et de notre apitoiement sur nous-mêmes. Nous ne devons pas gésir dans la tombe de notre déception face à l'échec. Nous devons nous relever, car Dieu lui-même nous prend par la main et nous redresse, nous donne le courage de nous relever et d'oser défier tout ce qui nous empêche de vivre.

Lors du décès d'un être cher, nous faisons souvent l'expérience que nous gisons pour ainsi dire dans la tombe de notre chagrin. Nous ne nous relevons pas de notre tristesse. Nous avons perdu l'homme que nous aimions le plus, celui qui nous avait soutenus, qui était notre raison de vivre. Dans notre chagrin, le sol disparaît sous nos pieds. Nous avons l'impression de sombrer dans la tombe. La résurrection de Jésus nous encouragera alors à émerger du tombeau de notre chagrin.

Nous ne devons pas refouler le chagrin, ni nous empresser de le surmonter au plus vite. Nous ne pouvons pas faire l'impasse du deuil, nous devons le vivre. Mais dans le deuil, nous avons besoin d'images d'espoir. Et la plus grande image en est la résurrection de Jésus. Elle nous offre l'espoir que nous non plus ne resterons pas dans le cercueil de notre chagrin. Jésus lui-même resta pendant trois jours dans sa tombe. Il a lui-même ressenti cette obscurité. Mais Dieu l'a ensuite réveillé. Dans le deuil, nous prions Dieu de nous réveiller aussi afin que nous ouvrions les yeux et que, malgré notre chagrin, nous découvrions la nouvelle vie prête à refleurir en nous.

12. Abraham : s'expatrier et commencer à nouveau

Abraham était âgé de soixante-quinze ans. Il s'était installé à Haran, avec sa femme, ses valets et servantes, ainsi qu'un grand troupeau de moutons. Le Seigneur appela Abraham et lui dit de quitter son pays, ses parents et sa maison familiale. Il lui fit la promesse suivante :

Je ferai de toi un grand peuple, je te bénirai ; je rendrai ton nom grand, je magnifierai ton nom ; sois une bénédiction ! (Genèse 12,2)

Abraham est le symbole originel du nouveau commencement. Pour Paul, il symbolise le croyant sincère. Et pour l'apôtre Paul, la foi consiste à s'exiler loin de ce qui est connu, à instaurer un nouveau commencement dans l'inconnu, dans un pays qu'on ne connaît pas encore. La foi signifie se laisser conduire par Dieu vers de nouvelles possibilités de vie. La foi ne suppose pas seulement d'avoir une position solide, mais aussi de quitter tout ce qui est solide, ce en quoi on a confiance, ce qui est accessible.

Les Pères du désert ont médité sur le sens du triple exil d'Abraham[6]. Pour ces Pères, cet exil signifie quitter ces dépendances dans lesquelles nous sommes tombés. Nous devons nous libérer des liens qui nous entravent, des relations qui nous restreignent et des habitudes qui nous figent. Nous devons nous libérer des sentiments du passé, des offenses que nous avons subies et des sentiments d'euphorie qui ont illuminé notre passé. Croire signifie quitter le visible pour suivre la route vers l'invisible que Dieu nous a tracée.

La foi, telle que la comprend l'histoire d'Abraham, signifie que nous devrions constamment quitter le passé pour entreprendre un nouveau commencement. Croire signifie prendre en confiance le chemin d'un nouveau futur dont j'ignore tout.

La tradition juive, la tradition hassidique en particulier, a également retiré des vers de la Genèse un triple exil, mais l'a interprété différemment que la tradition des moines chrétiens. Selon la tradition hassidique, nous devrions abandonner les opacités dont notre père, notre mère et nous-mêmes ont troublé en nous l'image claire de Dieu. Le but est de nous couler dans la forme unique que Dieu a prévue pour nous. Il s'agit là de laisser derrière nous les opacités du passé, les offenses, qui assombrissent l'image de nous-mêmes, et les projections déformées par nos parents de notre image originelle. Mais il s'agit aussi de lâcher les opacités que nous nous sommes attribuées : les images de surestimation et de surévaluation. Cette mise à nu a un objectif : l'image unique, que Dieu s'est forgée de nous ; l'éclat originel que Dieu nous a offert.

Cette façon de mettre à nu le passé, de le laisser derrière soi, ne se produit pas une unique fois : c'est un processus continu. Par conséquent la foi signifie recommencer sans cesse, oser sans cesse un nouveau départ. Car Dieu est le Dieu de l'avenir, qui souhaite nous guider dans le pays où nous serions tout à fait nous-mêmes. Mais de même que Dieu est l'inconnu et l'impénétrable, notre avenir est à peine saisissable. Quand nous partons pour un nouveau commencement, nous ignorons souvent les conséquences de notre acte : nous prenons toujours un risque. Nous devons être confiants dans le fait que Dieu nous accompagne sur ce chemin. La bénédiction de Dieu nous accompagne de telle sorte que, sur le chemin de la foi et du renouveau, nous soyons à notre tour une bénédiction pour autrui.

Dieu appela Abraham à s'exiler lorsqu'il eut atteint l'âge de soixante-quinze ans. Nous devons donc à tout âge être prêts à quitter l'acquis pour aller vers l'inconnu, qui nous attend dans la vieillesse.

C'est une bonne chose d'avoir, comme Abraham, une patrie. Mais sachons en même temps que nous sommes toujours sur la route. Le foyer que nous avons édifié n'est pas notre dernière patrie. L'Épître aux Hébreux conçoit l'exil d'Abraham hors de Chaldée comme le symbole de notre foi. Cette foi implique que nous soyons conscients d'être des étrangers et des hôtes sur cette terre, à la recherche d'une patrie :

Ceux qui parlent ainsi font voir clairement qu'ils sont à la recherche d'une patrie. Et s'ils avaient pensé à celle d'où ils étaient sortis, ils auraient eu le temps d'y retourner. Or, en fait, ils aspirent à une patrie meilleure, c'est-à-dire céleste. (Épître aux Hébreux 11,14-16)

De même, nous quittons à tout moment le visible pour diriger nos pas vers l'invisible patrie céleste. La foi nous maintient en vie, elle nous invite à recommencer sans cesse, à ne jamais nous satisfaire de ce que nous avons atteint. Car Dieu, que nous voulons atteindre, est hors d'atteinte et impénétrable.

13. Au commencement était le Verbe

Lorsque je parle du commencement, je ne puis m'empêcher de penser aux premiers mots de l'Évangile selon saint Jean :

Au commencement était le Verbe et le Verbe était avec Dieu et le Verbe était Dieu. Il était au commencement avec Dieu. (Évangile selon saint Jean 1, 1-2)

La langue grecque utilise le mot *archè*, qui signifie « le commencement », mais aussi « le commandement ». Ce qui est au commencement donne son empreinte à tout le reste. Le mot *archè* a été traduit en latin par *principium*. Ce mot ne désigne donc pas un commencement qui tend vers une fin, mais les fondements du commencement, qui imprègnent tout. Et les fondements du commencement sont le Verbe. Jean parle ici du *Logos*, qui se trouve en Dieu et est Dieu lui-même. Au fil de cet Évangile, il devient clair que ce *Logos* est devenu chair en Jésus. Ainsi le *Logos* est finalement devenu « Fils unique, plein de grâce et de vérité ». (Évangile selon saint Jean 1, 14)

Le Livre de la révélation nomme Jésus l'alpha et l'oméga[7], le premier et le dernier, le début et la fin. (Livre de la révélation, 1,8 et 1,17) Jésus laisse sa marque sur le monde dès la création. Il est la cause profonde au fondement de tout. Et il est l'objectif de la création : le retour en Dieu.

À mes yeux, ces premiers mots de l'Évangile selon saint Jean ont encore une autre signification. Au commencement était le Verbe. Goethe avait déjà chargé Faust de méditer sur la validité de cette phrase, au commencement pourrait être l'acte ou la pensée. Que signifie qu'au commencement était le Verbe ? C'est avec le Verbe que tout commence. Les paroles imprègnent notre vivre ensemble. Les paroles déterminent l'atmosphère dans laquelle nous vivons. La rencontre avec autrui débute par des paroles. Les premières paroles que nous prononçons et la voix avec laquelle les mots sortent de notre bouche déterminent instantanément si cette rencontre sera ou non fructueuse, si les paroles atteindront notre cœur ou seulement notre raison, si ces paroles seront de celles qui encouragent et ouvrent l'avenir, ou bien de celles qui dissimulent quelque chose, qui ne sont prononcées que par gêne.

Quand deux hommes se sont brouillés, il en faut un qui rompe le silence et qui ose prononcer le premier mot. Si ce mot accuse, la dispute en sortira renforcée. En revanche, si ce mot est empreint de réconciliation, la relation connaîtra un nouveau commencement. Nous hésitons souvent à prononcer le premier mot, pour ensuite regretter d'avoir manqué l'occasion. Un mot d'excuse aurait suffi. Mais nous n'avons pas prononcé ce mot. Nous l'avons retenu, faisant obstacle au nouveau commencement, gâchant l'occasion.

Il arrive souvent que nous ne trouvions pas le mot juste. Nous ne trouvons pas les paroles à même d'exprimer notre foi. Nous cherchons une langue qui émeuve le cœur des hommes, qui exprime correctement le secret de la foi. Mais nous n'y parvenons pas. L'Évangile selon saint Jean commence par: «Au commencement était le Verbe.» Le mot, qui exprime le secret de la foi, le secret de Dieu est déjà en nous. Ma tâche est alors de trouver dans mon cœur les paroles que Dieu y a mises pour que je puisse exprimer ma foi avec les mots appropriés.

Ces premiers mots revêtent pour moi encore une autre signification. Dieu a placé en chacun de nous un mot fondamental, un mot de passe en quelque sorte. C'est ainsi que Romano Guardini le voyait. Notre mission serait alors d'exprimer ce mot fondamental au moyen de notre vie elle-même. Nous devrions chercher en nous moins de mots pour exprimer notre foi, mais le mot que Dieu a mis en nous à l'origine. Il nous est souvent impossible de le décrire, mais à l'écoute de notre for intérieur, il nous vient une intuition de ce mot fondamental, ce mot qui au commencement n'était pas seulement chez Dieu, mais qui a décidé avec Dieu de notre propre commencement.

14. Le nouveau se manifeste déjà

J'ai trouvé dans les textes du prophète Isaïe un passage merveilleux évoquant le nouveau, qui est déjà en moi et qui pourrait marquer ma vie de façon nouvelle, sans surestimer mon passé :

Ne vous souvenez plus des événements anciens, ne pensez plus aux choses passées, voici que je vais faire une chose nouvelle, déjà elle pointe, ne la reconnaissez-vous pas ? (Isaïe 43,18)

Dans le premier verset, le prophète nous enjoint à oublier le passé. Il fait ici allusion au désastre passé qu'a vécu le peuple d'Israël. Dans notre cas, il ne faut pas ruminer ce qui a mal tourné dans notre vie passée, ce qui nous a blessés ou offensés, les moments de notre vie où nous avons été lésés. Tout cela appartient au passé. Cette approche trouve en outre sa justification dans le fait de repenser à son passé en toute tranquillité et de se réconcilier avec lui. Mais à un moment donné, il nous a fallu cesser de ressasser notre passé. A présent, quelque chose de nouveau se produit en nous. Dieu lui-même agit sur nous, notre désert peut fleurir. L'aridité dans notre vie devient soudain féconde.

Le prophète ne se contente pas d'annoncer le nouveau que Dieu suscite en nous. Il nous dit bien plutôt que le nouveau se manifeste déjà en nous. Nous devons identifier ce que nous ressentons. Nous remarquerons alors que le nouveau demande en nous déjà la parole.

Un jour, j'avais donné la phrase suivante à méditer à une classe de jeunes: « Regardez: je fais quelque chose de nouveau. Ne l'entendez-vous pas déjà se manifester ? » Cette phrase me sensibilise à tout ce qui se manifeste en moi de nouveau. Elle n'exige rien ; elle m'ouvre au contraire les yeux sur ce qui se trouve déjà en moi et qui se fait sentir dans mon corps et dans mon âme.

Il n'existe pas seulement en moi le sentiment d'avoir été blessé, ni la perception de mes échecs, ni les sentiments de culpabilité dus au fait que je n'ai pas vécu ma vie comme il l'aurait fallu, qu'une grande partie de moi n'est pas encore vécue. En moi, le nouveau existe déjà.

L'introspection me fait découvrir de nouvelles émotions: l'intuition d'être libéré de tout poids du passé, l'intuition que du nouveau se développe en moi. Je sens que je ne souhaite plus simplement poursuivre ma vie comme avant. Un élément nouveau s'est introduit dans mon travail: une nouvelle perception de sa finalité. Je sens déjà que mes relations deviennent plus sincères, plus personnelles et substantielles. Dans ma vie spirituelle également, je ressens un élément nouveau. Je me sens devenir devant Dieu plus léger, plus simple et plus clair. Dieu devient de plus en plus le fondement de ma vie.

Je ne dois pas tout recommencer, mais simplement faire confiance au nouveau qui se manifeste déjà en moi. J'ose ainsi aller vivre le nouveau au dehors. Alors ma vie devient nouvelle. Je ne ressasse pas tout ce que je veux faire de nouveau. Je fais confiance au nouveau qui s'éveille en moi. Je permets aussi au nouveau de s'exprimer dans mon travail, dans mes relations, dans ma spiritualité et dans ma conception de la vie. J'ose le nouveau car Dieu a déjà osé le nouveau avec moi.

15. Le premier signe de Jésus : les Noces de Cana

L'Évangile selon saint Jean aime le mot *commencement* (*archè* en grec). Après l'appel des disciples, la première histoire que Jean nous raconte est celle des Noces de Cana : Jésus métamorphose l'eau en vin. Jean veut nous dire ici que Dieu, au travers la kénose de son fils, fête les noces avec nous, les hommes. Notre vie est ainsi renouvelée. Elle prend un goût nouveau, le goût du vin. Jean conclut l'histoire par les mots suivants :

« Tel fut le premier des signes de Jésus, il l'accomplit à Cana de Galilée et il manifesta sa gloire et ses disciples crurent en lui. » (Évangile selon saint Jean 2, 11)

La Septante est encore plus explicite : Jésus commença (*archè*) les miracles. Les sept miracles de Jésus décrivent la transfiguration qui s'opère en nous grâce à l'incarnation de Dieu. Ce premier miracle met en évidence le but de la transfiguration : tout en nous doit être imprégné de la vie divine.

Certains lecteurs s'attendent peut-être, à l'annonce du titre *Ose le renouveau*, à un propos agressif, exigeant. Je dois sans cesse commencer à changer. Je dois tester toutes les méthodes possibles pour devenir un autre homme. Dans cette perspective certains auteurs écrivent des livres de développement personnel. Je suis moi-même fatigué de ce genre de livres. Je n'aime guère recommencer chaque jour pour me transformer. Je n'ai aucune envie d'emprunter sans cesse de nouvelles voies afin de devenir un autre homme.

Le simple mot *transformer* dénote une certaine agressivité : je dois me transformer car, tel que je suis, je ne suis pas à la hauteur. Je dois faire de moi un autre homme, un homme meilleur. Là, je me réprouve moi-même. La réponse chrétienne à la transformation est la transfiguration, comme nous le montre l'histoire des Noces de Cana. Jésus métamorphose l'eau en vin. L'eau représente ici ce qui est insipide en nous. Quand l'esprit de Jésus nous imprègne, cette eau se transforme en vin et prend un goût agréable.

La transfiguration désigne toujours la métamorphose du donné, de ce qui est en moi. La transfiguration est donc moins agressive que la transformation. Plus douce, elle implique que tout peut rester en moi. Je l'examine, et laisse Dieu y entrer. Dieu agit ainsi sur moi. La transfiguration est la promesse que Dieu lui-même place en moi un nouveau commencement. Mais il ne s'agit pas d'un nouveau commencement abrupt, qui rejette la totalité de mon ancienne forme. Dieu agit plutôt sur ce que je lui tends. Le but de la transfiguration est que je me montre de plus en plus à la hauteur de la forme que Dieu m'a réservée.

La transfiguration signifie que Dieu place en moi un nouveau commencement. Ma tâche n'est pas de faire tout différemment, de faire de moi quelqu'un d'autre. Au contraire, ma tâche consiste à tendre à Dieu ma réalité telle qu'elle est, en étant confiant dans le fait que l'esprit de Dieu imprègne tout en moi et ajuste toujours plus finement ma forme à l'image qu'il s'en est faite. Il ne s'agit pas à proprement dit d'agir, mais de laisser les choses s'accomplir. Devenir nouveau est un processus qui se déroule souvent sans qu'on s'en aperçoive. Mais ce processus débouche sur un homme nouveau, renouvelé, transfiguré.

Ce processus pourrait être expliqué concrètement par l'exemple du deuil. Quand j'accompagne des personnes en situation de deuil, je les entends souvent parler de la futilité et de l'absurdité de la vie. Ces personnes se sentent impuissantes face au deuil. Elles ont l'impression de ne rien pouvoir faire de ces sentiments de tristesse et de douleur qui les submergent.

Certaines se mettent elles-mêmes sous pression. Elles pensent devoir agir pour que le deuil cesse. Elles se sont fixé une période définie pour surmonter le deuil. Mais malgré toute leur volonté et la pression qu'elles s'infligent, elles échouent.

La transfiguration est plus douce. Je supporte le deuil. Je tends mes sentiments à Dieu, y compris mon impuissance à changer ces sentiments. Et en tendant mon deuil à Dieu, ce deuil se modifie imperceptiblement. L'esprit de Dieu, son amour et l'espérance divine le pénètrent. Dans mon deuil, je découvre alors mon amour profond pour l'homme que j'ai perdu. Je devine que mon deuil a un objectif : je construis, grâce à ce deuil, une nouvelle relation au défunt et à moi-même.

Je découvre ma véritable identité. Ainsi, je parviens peu à peu à trouver dans mon deuil un équilibre solide. À partir de cet équilibre, le deuil se métamorphose en amour et en reconnaissance vis-à-vis du défunt et vis-à-vis de ce qui s'est métamorphosé en moi. Je ne suis plus aussi superficiel qu'avant. Je suis devenu une nouvelle personne. Non pas une personne qui aurait simplement coupé le passé, mais une personne en laquelle l'ancien est devenu nouveau.

16. La parabole du levain

Beaucoup d'hommes ne savent absolument pas par où commencer. La vie leur file entre les doigts. Ils ne trouvent pas le fil conducteur pour organiser leur vie. Ils aimeraient se lancer dans quelque chose de nouveau, mais ils avancent à tâtons dans le noir. Ils devinent que quelque chose doit changer, mais ils ignorent comment s'y prendre. Dans une situation analogue, Jésus raconta une parabole pour nous donner le courage nécessaire:

Il dit encore: «À quoi vais-je comparer le Royaume de Dieu? Il est semblable à du levain qu'une femme a pris et enfoui dans trois mesures de farine, jusqu'à ce que le tout ait levé.» (Évangile selon saint Luc 13,20-21)

La farine représente ce qui file entre nos doigts. On ne parvient pas à la saisir. Elle se dépose sur tout comme de la poussière. Et quand nous voulons la prendre en mains, elle nous échappe. Mais quand la farine et le levain ont levé, ils se transforment en pain. La farine devient nourriture pour nous-mêmes et pour autrui. Une femme pourrait reculer de frayeur face à la farine. Mais elle commence. Elle prend le levain en mains afin de faire lever toute la farine. Le levain s'incorpore à la farine. Ce qui menaçait de nous filer entre les doigts devient une pâte que nous pouvons désormais enfourner.

Ce verset mentionne trois mesures de farine. Les Pères de l'Église ont interprété symboliquement cette quantité. L'esprit de Jésus doit pénétrer notre corps, notre âme et notre esprit pour que l'ensemble lève. Alors l'homme est entièrement neuf. Il devient le pain qui nourrit son prochain. Trois mesures de farine suffisent pour rassasier environ cent cinquante personnes. Ainsi notre vie peut-elle nourrir de nombreuses personnes, si nous avons le courage, comme la femme, de commencer et de faire lever la farine de notre vie avec le levain de l'esprit de Dieu.

Cette parabole m'encourage à poursuivre mon chemin personnel. J'ai souvent l'impression que ma vie spirituelle me file entre les doigts. Je ne pressens pas la transfiguration. Mes modèles de vie antérieurs continuent malgré tout de se faire sentir. À mes yeux, la parabole constitue alors un signe d'espérance : à un moment donné, la farine en moi, qui est tellement insignifiante, sera pétrie par le levain de Jésus-Christ.

Je deviendrai alors le pain qui nourrira mon prochain. Ma vie portera des fruits : elle deviendra une bénédiction pour autrui. La farine ne me file plus entre les doigts, car elle est liée par l'esprit de Jésus, qui pétrit et transfigure tout.

D'un autre point de vue, cette parabole est un signe d'espérance: de nombreux directeurs et employés me racontent qu'au bureau ils se sentent isolés. Ils essaient de ressentir les valeurs proclamées par leur entreprise. Ils tentent aussi d'apporter un esprit chrétien dans leur société. Ils se sentent égarés à une fonction inadéquate.

La parabole du levain me semble dans ce contexte représenter un encouragement. Je leur dis: «Cherchez deux autres personnes parmi vos collègues – pour être à trois, à l'image des trois mesures de farine – et vivez ensemble selon les valeurs chrétiennes. Quand vous commencez à vous traiter entre vous différemment, à parler une autre langue, à vivre selon les valeurs chrétiennes, vous agissez comme le levain qui pétrit toute l'entreprise.»

Certains pensent que le peu de farine qu'ils tiennent en mains ne suffira pas pour agir. Pourtant la quantité de levain, aussi insignifiante soit-elle, suffit à pétrir une grande quantité de farine.

En tant que chrétiens, nous nous sentons aussi démunis face à la sécularisation actuelle du monde. Nous avons l'impression de ne pouvoir guère avancer dans ce monde qui obéit à d'autres lois. Mais là encore, la parabole cherche à nous encourager à commencer avec notre foi, à la vivre et à célébrer ensemble les offices religieux, même si le nombre de fidèles s'amenuise sans cesse. Nous devons être confiants dans le fait que notre foi, que nous essayons de vivre seuls ou en communauté, constitue le levain de la société. Lorsque nous prônons la réconciliation et la mettons en pratique, nous devenons le levain de la réconciliation pour la société. Lorsque notre cœur est rempli d'espérance malgré le désespoir de notre société, nous devenons le levain de l'espérance en ce monde.

Avec la parabole du levain, Jésus nous invite à cesser nos lamentations – qui nous oppressent souvent avant un nouveau commencement – et à laisser la farine, dont nous disposons, s'imprégner du levain de Jésus et de son enseignement. Ainsi nous instaurerons un commencement pour la communauté dont nous faisons partie, et même pour le monde entier.

17. Le Saint-Esprit au commencement

L'évangéliste Luc aime les mots *archein*, *archeistai* et *archè*, avec lesquels il décrit que Dieu instaure sans cesse un nouveau commencement avec son esprit.

On trouve souvent le verbe *commencer* dans les Actes des apôtres. Je souhaiterais à ce propos méditer une scène particulière : Pierre, le Juif pieux, qui suivait la Loi juive à la lettre, fit un rêve prémonitoire lui indiquant de se rendre à Césarée, et notamment au domicile d'un capitaine romain du nom de Corneille. Il est strictement interdit à un Juif de pénétrer dans la maison d'un païen. Mais à trois reprises Pierre avait eu une vision, dans laquelle un ange de Dieu lui montrait une grande toile avec toutes sortes d'animaux. L'ange lui ordonnait d'abattre ces animaux et de les manger. Il est interdit aux Juifs de manger ces animaux, leur viande est impure.

Ce rêve fit vaciller l'esprit de Pierre, imprégné de l'observance stricte de la Loi. Lorsque Pierre, ayant fait ce rêve, se réveilla de sa sieste après le déjeuner, trois hommes s'arrêtèrent devant sa maison et le prièrent de les accompagner à Césarée. Pierre les suivit. Il baptisa Corneille et toute sa maisonnée. Et tous furent envahis par le Saint-Esprit. Quand Pierre revint à Jérusalem, les Juifs pieux lui reprochèrent sa conduite, qui entrait en conflit avec les règles sacrées. Pierre leur tint alors un discours de justification, dans lequel il dit :

« Or, à peine avais-je commencé à parler que l'Esprit Saint tomba sur eux, tout comme sur nous au début.» (Actes des Apôtres 11,15)

Quand Pierre osa commencer son discours, le Saint-Esprit instaura un nouveau commencement. Il descendit aussi sur les païens. Pierre nous rappelle le commencement de l'Église, lorsque le Saint-Esprit était descendu sur les jeunes gens, effrayés.

La phrase citée exprime à mes yeux une idée fondamentale : quand nous commençons à dire ce qu'exprime notre cœur, le Saint-Esprit instaure pour les hommes un nouveau commencement. Le Saint-Esprit provoque en nous le commencement. Nous avons besoin de la force du Saint-Esprit pour commencer à parler. Et quand nous trouvons le courage de commencer, le Saint-Esprit crée chez les autres hommes un nouveau commencement.

Pierre eut ce courage grâce à son rêve prémonitoire ou à sa vision, pour reprendre le nom que donne Luc à ce rêve. Comme Pierre crut à son rêve, c'est avec lui que le Saint-Esprit débuta la mission chez les païens. Ce ne fut pas Paul qui annonça le premier la Bonne Nouvelle aux païens, mais Pierre, le messager plutôt traditionnel, qui suivait à la lettre les Dix Commandements hébraïques. Mais le Saint-Esprit produit aussi un nouveau commencement chez des hommes fortement attachés au passé et, à travers eux, fait bouger des choses qui ouvrent la porte à un nouvel avenir. Il importe de croire aux rêves dans lesquels Dieu me parle et de croire les impulsions du Saint-Esprit, qui me pousse parfois intérieurement à commencer avec de nouvelles paroles ou un nouveau comportement.

Nous avons souvent d'excellentes raisons d'écarter ces impulsions. Mais cela empêche le Saint-Esprit d'instaurer un nouveau commencement pour autrui. Quelque chose de nouveau peut advenir dans ce monde grâce à nous. Aucun de nous n'est parfait, Pierre ne l'était pas non plus. Mais Dieu peut se fier à chacun de nous pour, dans certaines situations, prononcer de nouvelles paroles afin que le monde des hommes devienne nouveau.

Parfois nous avons envie de commencer par notre discours, de prononcer de nouvelles paroles. Mais des arguments rationnels nous viennent alors à l'esprit, qui refoulent cette impulsion. Nous n'avons aucune idée de la manière dont les autres réagissent. Peut-être trouvent-ils l'ensemble ridicule. Ou bien peut-être me rejetteraient-ils si j'exprimais tout à coup des pensées peu conventionnelles.

L'histoire de Pierre et de son sermon au capitaine païen Corneille vise à nous encourager à ne pas prêter attention à la réaction des autres, mais seulement à notre impulsion. Sans de telles impulsions, aucun nouveau commencement n'est possible. C'est souvent le Saint-Esprit qui, par ce genre d'impulsions, nous pousse à instaurer un nouveau commencement.

18. La confiance du commencement

Outre le fait de sans cesse commencer à nouveau, nous aimons nous souvenir de certains commencements. Par exemple du commencement d'un amour. Précisément pour les couples mariés qui se sont éloignés, c'est excellent de se souvenir ensemble du commencement. Quelle était la fascination qui les a attirés au début ? Il est bon de reprendre contact avec la qualité de ce commencement afin que ce qui est devenu une routine, une certaine usure, se renouvelle. Le souvenir nous remet en contact avec cette force et cette magie du début.

L'Épître aux Hébreux nous rappelle la confiance que nous avons vécue au commencement :

> *Car nous sommes devenus participants du Christ, si toutefois nous retenons inébranlablement jusqu'à la fin, dans toute sa solidité, notre confiance initiale. (Épître aux Hébreux 3,14)*

Dans la foi, nous sommes devenus participants de Jésus, nous sommes devenus ses compagnons. Nous habitons avec lui, nous habitons même en lui. Au début, cette expérience nous a remplis d'une très grande confiance. Notre tâche consiste désormais à préserver cette confiance.

Nous parlons souvent du zèle du début. Nous avons souvent ressenti cet enthousiasme du début quand nous étions novices, au cloître. Ou bien à nos débuts dans une entreprise, nous éprouvons souvent le zèle du début. Nous voulons tout bien faire. Et puis, au fil du temps, notre zèle tiédit. Nous ne cessons de répéter les mêmes choses.

L'Épître aux Hébreux souhaite secouer les chrétiens devenus las. Une façon d'y arriver est de se souvenir des débuts du christianisme. Les premiers chrétiens étaient remplis de confiance. Ils résistaient fermement aux aléas de la vie. Mais à présent, les chrétiens sont las. Les nombreuses piques faites à leur foi les ont fatigués.

Nous connaissons bien cette fatigue dans notre dévouement à notre entreprise, mais aussi dans notre vie de couple. Les nombreuses blessures et déceptions nous poussent à bout. Là aussi, il est bon de se souvenir de la confiance que nous nourrissions au commencement. En nous souvenant, nous reprenons contact avec la qualité du début. Et ainsi un nouveau commencement dans notre relation devient possible. Nous n'avons pas besoin de tout faire différemment, mais seulement de nous remémorer ce que nous ressentions au début.

Le début est et demeure la base de notre couple, la base de notre zèle dans l'entreprise, et aussi de notre vocation de prêtre et de moine. À partir de ce commencement afflue en nous la force (*archè*) qui nous permet aujourd'hui de nous renouveler sans cesse et de faire resplendir aujourd'hui d'un nouvel éclat le nouveau qui commença jadis en nous.

Conclusion : À présent, commençons

Chère lectrice, cher lecteur, vous venez de lire ces réflexions sur les risques d'un nouveau commencement.

Peut-être vous êtes-vous reconnu dans certaines considérations et certains exemples cités. À présent, il s'agit pour vous de les mettre en pratique. Mais ne le faites pas comme ce jeune homme qui, devant les chardons et les épines jonchant le champ de sa vie, se couche et s'endort. Ne commencez pas à tout transformer en vous et à tout faire différemment. Jetez un coup d'œil à votre vie et demandez-vous : par où ai-je envie de commencer à nouveau ?

Le commencement ne doit jamais devenir un fardeau qui vous ronge quotidiennement. Il doit au contraire éveiller en vous une nouvelle vitalité : un nouveau commencement exige l'envie qu'on l'entreprenne. À titre d'exercice, vous pourriez par exemple décider de voir chaque matin comme un nouveau départ. Considérez chaque jour nouveau comme une étendue de neige vierge qui s'étale devant vous. Puis, selon les sentiments que vous ressentez, vous décidez quelle sorte de traces vous aimeriez ce jour y imprimer. Si vous envisagez chaque jour comme un nouveau commencement, votre vie en sera métamorphosée. Il ne vous sera dès lors plus nécessaire de prendre tant de bonnes résolutions.

Ne vous imposez pas la pression de devoir dorénavant tout faire différemment, mais prenez le temps de la réflexion pour évaluer en toute tranquillité vos relations, votre travail, votre quotidien. En êtes-vous satisfaits et reconnaissants ? Ou êtes-vous quelque peu inquiets ? D'aucuns pensent devoir surmonter cette inquiétude. Mais parfois cette inquiétude est saine, si elle nous invite à nous demander où instaurer un nouveau commencement. Cela ne doit pas toujours être un nouveau commencement extérieur à vous-même. Il suffit parfois de considérer ma vie avec un regard neuf et de dire un nouveau oui à la vie que je mène.

Chère lectrice, cher lecteur, je vous souhaite de saisir en vous l'impulsion vous indiquant où et comment vous pourriez commencer à nouveau. Et je souhaite également que, grâce à ce nouveau commencement conscient, vous resterez vivant, que – au sens des Grecs de l'Antiquité – vous acquerrez de nouvelles forces et que ces commencements constitueront de bonnes bases pour indiquer à votre vie la bonne direction : vers la vivacité et la liberté, la paix et l'ampleur, l'espérance et la confiance, dans un amour toujours plus profond.

Notes

1- NDT : La Recollectio-Haus est une institution de l'abbaye de Münsterschwarzach.

2- NDT : Pour toutes les citations de la Bible, nous avons utilisé la traduction de l'École biblique de Jérusalem.

3- NDT : J'ai supprimé la référence dans le texte de l'auteur à la langue allemande, offrant peu d'intérêt dans la traduction française : *Sowohl die Lateiner als auch die Deutschen…*

4- NDT : Le titre de ces Pères était Abba, Amma étant celui des Mères du désert.

5- NDT : Le verbe allemand *scheiden* signifie « couper », « séparer », mais aussi « divorcer ».

6- NDT : Abraham quitte d'abord Ur en Chaldée, puis Sichem au pays de Canaan, puis le Néguev, et arrive enfin en Égypte.

7- NDT : Ce sont les première et dernière lettres de l'alphabet grec.

À propos de l'auteur

Docteur en théologie, Anselm Grün, né en 1945, appartient à l'ordre de saint Benoît et gère l'abbaye des bénédictins à Münsterschwarzach, en Allemagne. En outre, il est conseiller spirituel et enseigne la méditation, l'interprétation des rêves en psychanalyse profonde, le jeûne et la contemplation. Il a réalisé de nombreuses publications sur ces sujets, dont *Un cœur en paix* et *Être en harmonie. Oublier ses soucis. Simplement vivre*, paru aux éditions Jouvence, qui rencontrent un écho international très vif.

Depuis 2006, il fait publier sa Newsletter, *«Vivre simplement. La lettre d'Anselm Grün»*, aux éditions Herder.

Du même auteur aux Éditions Jouvence :

Que nous faut-il pour atteindre le bonheur ? Se libérer de ses soucis, arriver à être à l'unisson avec soi-même, et enfin, vivre avec plénitude et en toute simplicité. Voici un livre qui donne du sens à nos existences !

8,90 € • 160 pages

Dépôt légal : novembre 2015
IMPRIMÉ EN FRANCE

Achevé d'imprimer le 5 novembre 2015
sur les presses de l'imprimerie « La Source d'Or »
63039 Clermont-Ferrand
Imprimeur n° 18271

PEFC/10-31-2008

Dans le cadre de sa politique de développement durable,
La Source d'Or a été référencée IMPRIM'VERT®
par son organisme consulaire de tutelle.
Cette marque a été attribuée à l'issue d'un programme d'investissements
et d'un audit garantissant la totale récupération des déchets à des fins de recyclage.
Cet ouvrage est imprimé - pour l'intérieur -
sur papier offset standard 90 g provenant de la gestion durable des forêts,
des papeteries Arctic Paper, dont les usines ont obtenu
les certifications environnementales ISO 14001 et E.M.A.S.